मुन्नी रोज **पाठशाला** जाती।

रोज **खेत** पर जाती।

कुछ खरीदना हो, तो **दुकान** भी जाती।

खेलने जाती।

एक दिन, मुन्नी घर से निकली।
माँ ने पूछा, "कहाँ जा रही है बेटी?"
मुन्नी बोली, "कहीं नहीं"

रास्ते में काका ने पूछा-
"कहाँ जा रही है मुनिया?"
मुन्नी बोली, "कहीं नहीं"

रघु ने पूछा, "कहाँ जा रही है मुन्नी?"
मुन्नी बोली, **"कहीं नहीं"**
रघु बोला, "में भी चलूँगा....."

उन्हें एक गोल **पत्थर** मिल गया।
उसे लुढ़काते हुए वह दोनों चल दिए।
कहाँ?
“कहीं नहीं”

कुएँ की नाली पर
पत्ते की नाव चलाई।

कोल्हू पर गरम-गरम **गुड़** खाया।

खेत में नील गाय चर रही है।

तालाब में बत्तखें उतर आयी थीं।

मुन्नी और रघु ने गोल-चिकने **पत्थर बीने**।

खंडहर की छत पर चढ़े।

बगिया में बेर खाए।

एक नेवला अपने बच्चों के साथ
झाड़ी में घुस रहा है।

मुन्नी और रघु घर लौटे।
माँ ने पूछा, “कहाँ गयी थी मुन्नी?”
मुन्नी बोली, **“कहीं नहीं”**
रघु चहचहाया, “कहीं नहीं में, बहुत मजा आया”